Bibliothek der Erzähler Band 10

Herausgegeben von Jürgen Manthey

HANS HENNY JAHNN

Die Marmeladenesser

STEIDL

Geschrieben 1928
Hans Henny Jahnn: »Die Marmeladenesser«.
Aus: »Perrudja«, Roman,
(Werke in Einzelbänden. Hamburger Ausgabe),
Hrsg. von Gerd Rupprecht, Bd. 1

1. Auflage August 1996

Umschlaggestaltung: Klaus Detjen
unter Verwendung eines Ausschnitts aus dem Gemälde
»Jüngling am Meeresufer« von Hippolyte Elandrin
Satz, Lithographie, Druck:
Steidl Verlag, Düstere Straße 4, D-37073 Göttingen
Gedruckt auf Öko 2000 Papier zur ökologischen Buchherstellung
(80 Prozent Altpapier, 20 Prozent Durchforstungsholz
aus nachhaltiger Forstwirtschaft)
Ohne Färbung, ohne optische Aufheller
Printed in Germany
ISBN 3-88243-437-6

Erste Ruhestunde

Räsonierender Katalog der handelnden Personen – der Aprilnarr

Kleidete ich diese Ruhestunde in einen Komödienzettel ein, so höb' ich freilich an: der Schauplatz ist in *Krehwinkel,* einem hübschen, aber sehr kotigen und steinichten Landstädtchen in Flachsenfingen, woraus drei farbenstriemige Holz-Ellenbogen jeden, der sich unter dem Tore nach Wegweisern umsieht, in drei Weltgegenden versenden. Allein die Ruhestunde ist mehr eine Komödie als ein Zettel davon, und Krehwinkel ebensowohl die Schauspielertruppe als der Schauplatz. Seit Jahren rang schon die

Stadt nach nervis probandi und ganz entscheidenden Schlüssen in Festino, Darapti, Barocko und Ferison, daß der schönlockige Konsistorialrat *Perefixe* wirklich die Ehe breche mit der Berggeschwornen, der Madame *Traupel*; vermuten konnt' es jeder. Nur über die Frau waren die Frauen nicht zweifelhaft, sie warfen mit gewöhnlicher Wahl (wie man bei neugebornen Hündchen tut) bloß das schönere Geschlecht ins Wasser. Jede Krehwinklerin wünschte eine Helferin in jeder Not und besonders eine Geburtshelferin zu sein, bloß um die Hülfe so lange zu verweigern, bis nicht nur der Vater des Lebens-Prätendenten angegeben war, sondern auch die sämtlichen Vettern, Basen, Stiefgeschwister und Stiefeltern des Wurms. Überhaupt gibts in kleinen Städten keinen verdrüßlichern, windigern Ort – der Pranger ist dagegen ein

Luststand – als ihre Gedächtnistafel, dieses Portativ-Drillhäuschen, das man immer voll auf jedem Kanapee aufstellt und umdreht. Die Vergißmeinnichte – welche schon die Botaniker unter die Giftpflanzen stellen, und welche es durch die Liebe noch leichter werden – sind, aus der Hand eines Städtchens gereicht, ein Blumenstrauß, den man einem armen Sünder ansteckt. Beschädigen will dabei niemand, weil jeder weiß, daß der Pranger-Statist immer in der Stadt so vollgültig nachher kursiere als vorher; so wie Juden, welche die Goldstücke in Scheidewasser einweichen, nur ihr Gewicht, nicht ihr Gepräge ändern wollen, sondern den fernern Kurs vielmehr herzlich verlangen.

Die Frage nun, welche – so wie Newton, Bernoulli, Leibniz schwere Probleme und Resultate in den Leipziger actis eruditorum ausstellten, damit das ganze mathematische Europa darauf vernünftig antwortete – ebenso der Rat Perefixe und die geschworne Traupel in den Krehwinklischen actis sanctorum dem Städtchen über ihren gegenseitigen Ehebruch vorlegten, damit es entscheide, war wie folgt abgefasset, so wie überhaupt die ganze Historie wie folgt angeht:

Der Konsistorialrat Perefixe war ein Mann, den man – wenn er im Sommer in den Damenklub des Nußmannschen Gartens trat, mit jugendlichen Blicken und offner heiterer Stirn, so gewandt und zierlich und als leichter Regisseur der sitzenden Truppe von ersten Liebhaberinnen – schwerlich für einen Konsistorialis nahm, geschweige für den ersten Sänger des heimlichen Klaglieds. Er gehörte unter die Leute, die in Deutschland von keinem Gewichte sind, weil sie mehr Quecksilber haben als Blei, obgleich jenes = 13,568 wiegt, dieses aber nur = 11,352; alles schien und war den Krehwinklern zu schnell an ihm, seine Sprache, seine Rührung, seine Liebe und Gefälligkeit, und dabei zu stark; jeder Fremde interessierte ihn so sehr, und jede Fremde zu sehr. Die bleierne Stadt will erweisen, daß er den Bettelstab in Händen hätte, wenn das salische Gesetz noch regierte, das einen Mann für jeden Druck einer fremden weiblichen mit 15 Goldschillingen abstrafte; und sie bewahrt Leute auf, die es aus dem eignen Munde dieses lutherschen Konsistorialrats vernommen, daß er sich gewünscht, ein – Kardinal zu sein, bloß weil dieser das Recht genösse, jede Fürstin und Königin auf den Mund zu küssen. Ein närrischer Mann! Doch in letzterem Wunsch ist ihm heutzutage nachzusehen, und ich trüge selber mit Vergnügen einen roten Hut. –

Natürlich ist er daher wie ein Franzos – und seinem Namen nach gehört er ja zur Kolonie – nicht galant gegen *eine* Frau, sondern gegen alle; und er dediziert – wie der Italiener jeden Band eines Werks einem andern Mäzen – so jede halbe Stunde einer andern Gönnerin; allein was die Stadt nicht übersieht, ist seine auszeichnende Liebe zu Madame Traupel und seine Besuche bei ihrem Manne. Dieser, von welchem sie den dummen Namen herhat, ist Berggeschworner und weniger auf der Erde bekannt als unter ihr. Dieser Berggeist oder Bergleib mit kurzer Nase und Stirn mag wohl besser und vielhaltiger sein, als ich ihn schildern will – seine Seele ist nicht wie die im orbis pictus aus Punkten, sondern aus Kommaten zusammengeschmiert, die nichts anfangen und nichts endigen – das dicke Fallgatter seiner schmalen Stirn lässet keine fremde Meinung ein, und das wenige, was er mit Wirkung lieset, ist vom Knappschaftsschreiber aufgesetzt – einen Lorbeerbaum, dessen Pfahlwurzel nicht in die Schachte hineinwächset, kann er nach seiner Meinung umblasen, und das A-leder ist ihm die einzige Logenschürze, die rechte bunte Flügeldecke des Menschen – fremder Hochmut setzt ihn ganz außer sich: »Ich könnte so gut prahlen als mancher andere«, (sagt er) »aber mit mehr Recht.« – Ebenso schont er fremde Dummheit nicht: »Ich muß sagen«, sagt er, »einfältige dumme Pinsel sind mir recht verhaßt; ich kann nicht leugnen, einfältiges Ochsen-Volk steh' ich nicht aus, und ich zwick' es nach Gelegenheit erbärmlich.« – Er hat die gute Gewohnheit deutscher Autoren, jeden Gedanken, wie einen Wechsel nach Welschland, stets zweimal nacheinander abzusenden, welches mir schon aus dem Gehirn – wo solcher wächset – einleuchtet, weil jeder Teil und Hügel doppelt daliegt. – –

Zu verwundern ist nur, wie er eine Frau nahm und bekam, welche funfzehn Sommer jünger als er – denn er war funfzehn Winter älter als sie – und überhaupt so schön, klug, keck, arm und gelehrt war, daß er eher in den nächsten Schacht vor ihr hätte untertauchen, als ihr daraus im Bräutigamsrock entgegensteigen sollen. Die geizigsten Männer haben zwar oft eine Stunde, wo die Liebe aus einem Handelsartikel ein Glaubensartikel wird, die wildesten eine, wo sie den Essig erreichen, der sich versüßet, wenn er die heiße Linie passiert, wiewohl er wieder versäuert, wenn er retour geht; aber die Sache war anders, und bloß der April, den die Alten mit einer Blume malten, gab unserem Traupel eine, nämlich seine Frau. Es ging so:

Den ersten April bat sie den Bergmann um die doppelte Erlaubnis, mit einer Freundin aus seinem großen Hause dem Jahrmarkte zuzusehen und ihn da in den April zu schikken. Das war für seinen innern Menschen wahre grüne Fütterung; er gab wohl zu, daß man ebenso klug sein könne wie er, aber nicht klüger; denn das Unverständliche war ihm das Unverständige, und Dunkelheit diesseits seines Augenlides eine jenseits desselben. Er schwur heimlich, nichts zu tun, was sie begehre, um sich in kein Aprilnarrenhaus zu verlaufen. Sie kam und versicherte ihn mit aufreizender Gewißheit, sie werd' ihn dahin verschicken. Er versetzte, wenn ihr das gelinge, erbiet' er sich, sie jedes Jahr, solang sie lebe, ins Karlsbad auf seine Kosten zu schicken; – »und ich«, sagte sie, »wette mich selber, ich heirate Sie.« –

Auf dem Markte war allerlei zu sehen und ebensoviel darüber zu reden; aber Traupel hütete sich vor letzterem. Er sah lieber Ninetten an und lauschte auf jede mimische Woge, die um jede Fischreuse spielte, in die er einfahren, auf jede Schwimmfeder eines Angelhakens, der für seinen Hechtskopf ein Passionsinstrument werden könnte. Auch Ninette schauete weniger die verworrenen Bewegungen des Marktplatzes an als die seiner Physiognomie, anfangs schelmisch, zuletzt teilnehmend. Plötzlich fuhr sie vom Fenster zurück, sie entdeckte einen Schieferdecker im Laufband seines Luftbänkchens den nahen Lorenzturm umrutschend. Dieser im Himmel und an so wenig Hanffasern hängende Laufstuhl machte ihr zu bange. Traupel setzte sich mit ihr aufs Kanapee; die Freundin, eine etwas dickgepolsterte jungfräuliche Fünfundvierzigerin, verharrete am Fensterstock, weil sie in der Welt nichts lieber tat als – sehen, schon aus Mangel der Ohren weniger als des Gehörs. Der feine Traupel hatte bloß den Aprilnarren im Kopf und bedachte alles, was er sagte. Ninetta versicherte, sie versteh' ihn recht gut, er wolle nur das Badreisegeld erretten, sogar auf Kosten seiner und ihrer Freiheit, aber es soll' ihm gewiß nicht so gut werden. Es wurde nun sehr gefochten – er fand freilich schöne Absichten auf sich in ihrer April-Wette und glaubte, sein Bild oder Bildchen sei in ihrem Herzen und gucke, sich auf die Zehen stellend, aus ihrem warmen Auge mit dem Gesichtchen zum Fenster heraus – er wurde noch entschlossener, seine Wette und Ehre und dadurch sie selber zu gewinnen – er machte in der Tarantel-Allemande der Liebe das Kompliment, die pas balancés, die Viertelsphysiognomie, den einfachen Händewechsel, die $\frac{1}{2}$, die $\frac{3}{4}$, die ganze Physiognomie im Drehen und endlich den halben deutschen Sklaven mit dem pas emboitté und vergaß sich und den April und sprach vom Glückauf dieser Stunde (er ließ eigenhändig eine Repetieruhr an ihrem Halse solche repetieren) und erklärte außer noch andern Dingen seine Liebe – Da sprang sie lachend auf und sagte, daß es beinahe die taube 45gerin störte: »Aprilnarr, Aprilnarr! Wer liebt Sie denn? Ich nicht.« Der Geschworne war halbtot, folglich zum Glück auch halblebendig – sagte, das sei ja gottlos hausgehalten mit ihm – wurde versäuert, wieder abgesüßet – allein nach einigen Tagen gab sie so weit nach, daß sie beide verlieren wollten und sie die Heirat und er die jährliche Badreise verwettet haben sollte.

Wollte der Himmel, ich hätte damals ein Heirats-Bureau offengehalten und die Geschworne wäre in mein Komtoir getreten, ich würd' ihr einen ganz andern Mann, einen, der ein Haus macht, einen Grafen oder dergleichen zugewiesen haben. Lieset sie nicht die besten Franzosen und kann keinen zu sprechen bekommen, außer unsern Herrn Perefixe? – Hat sie nicht durch Kultur eine gewisse künstliche Einfachheit und Phantasie gewonnen und ist eine unverwelkliche italienische Blume, die sich durch feine Öle den Geruch der natürlichen ansalbt? – Braucht sie nicht entsetzlich viel Geld, so daß ihr Berg-Mann ihr nur als das graue Berg-Männlein erscheint, das den Zeigefinger auf Goldadern ausstreckt: – Ist sie nicht der besten hysterischen Zufälle und Konvulsionen mächtig und hält darin dem Geschwornen die strengsten Bußreden, und sind diese hysterischen Kontroverspredigten nicht den besten Gardinenpredigten, die wir haben, vorzuziehen? – Mit *einem* Wort, hat sie nicht eine vornehme ahnenreiche Ehe nötig, die, wie ein Konferenzzimmer rangsüchtiger Gesandten, viele *Türen* und keinen *Ofen* hat? – Kurz, ist sie nicht der Engel und der Teufel in *einer* Person?

Was freilich Traupel mit ihr tut, wenn er zuweilen in seine vier Pfähle zurückkommt und der fünfte ist, das wird mir schwerlich können hell gemacht werden. Mit Perefixe ist es etwas anders, aber das ist der Kern meiner Stadtgeschichte.

Kein Krehwinkler – wenigstens Traupel nicht, der nur am Berg-Schabbes, am Sonnabend, nach Hause kam, wo Perefixe Amtswegen zu Hause blieb – kann so oft auf dem bergmännischen Kanapee gesessen sein als eben der Konsistorialis; er schwang sich zum Gesellschafter hinauf, von da zum Hausfreund und hatte nur noch die höchste Charge vor sich, den Hausfeind. Traupel wußt' es zu schätzen, daß sich ein Mann und Vikarius vorfand, der mit seiner Frau parlierte und in ihre »weltweisen Schnurren« (sie war eine Philosophin) einging, da sie jeden andern Krehwinkler aus Ekel vor allem Kleinstädtischen stolz aus ihrem Zauberkreise wies. Sogar wenn sie ihrem Manne, der keinen Vogel lieber schoß als einen festen hölzernen auf der Stange, es erlaubte, eine kleine Schützengesellschaft zu einem Privatschießen zusammenzubitten: so mußten die Schützen poetische Zentauren, halb Menschenpferde, halb Schützen, sein, gebildete Edelleute aus der Nachbarschaft; denn sie sagte, ihr falle am Ende doch alles auf den Hals. Die Herren kannten nämlich des Bergmanns Passion für diese stehende Vogeljagd; folglich suchte jeder ein Vergnügen (er sprach während des Schusses mit der Frau) darin, daß er den Geschworenen für sich schießen ließ, so daß dieser als das repräsentative System der Schützenkompagnie und als ihr Kreisstand und Zentralpunkt immer im Kreis stand und so als bevollmächtigter Gemein-Schütze (in jedem und auch in seinem Namen) den ganzen Vogel allein herunterholte. –

Wie kam ich auf diese Geschichte? – Kurz sie trug am meisten mit bei, daß die sämtliche Geistlichkeit, die ohnehin an ihrem Löseschlüssel längst den Bart abgedreht hatte, und die sämtliche Dienerschaft und der Wirt vom Hotel de Krehwinkel sich darauf totschlagen ließen, der Konsistorialis gehe nicht auf guten Wegen, sondern »extra« –; die Weiber dieser Männer (auch weniger Fleckausmacherinnen als Fleckmacherinnen) nahmen die Geschworne als kokette Wildschützin jedes ehelichen Grenzwildprets auf sich und wollten sämtlich darauf sterben, bloß Ninetta sei der Teufel und hebe an ihrem Angelhaken den guten jungen Mann aus dem Wasser.

Nur *eine* Frau dachte edler von ihm, seine eigne. Josephine hatte die göttliche Kraft, einem Menschen zu vertrauen. Sie ließ die großen künstlichen Waschmaschinen, in welchen ganze Familien auf einmal (Tee oder Kaffee wird als Lauge zugegossen) sehr gut eingeweicht, gehandhabt und gewalket werden, niemals in ihrer Stube aufstellen. Seine Zephyretten-Natur wurde durch ihren christlichen Ernst und durch die Waage ihrer weiblichen Besonnenheit sanft angehalten; seine Föderationsfeste mit allen Menschengesichtern wurden unter ihren Richter-Augen nüchterner begangen; und ebenso führte wieder umgekehrt sein leichter Gang auf dem Lebenswege und die Freundlichkeit, womit er allen Pilgern seine Hand, und was darin war, anbot, diese einsame stolze Seele auch an andere näher heran.

Sie schrieb seine Besuche bei Ninetten, da diese die feinste Frau im Orte war und er der feinste Mann, der Verwandtschaft ihrer Kultur und Lektüre zu. Er war der einzige Geistliche in Krehwinkel, der imstande war, Ninettens Schminke zu verzeihen, oder der es zu schätzen wußte, wenn sie sich ganz über stümperhafte Maler erhob, welche ihr Unvermögen im Nackten durch Gewänder verdecken. Doch konnte Josephine für ihre Zuversicht weiter nichts anführen als seine bisherige Rechtschaffenheit und den Schluß von ihrem Herzen auf seines und die Donnerkeile, die er von jeder Höhe, nicht bloß von der Kanzel, auf das lüderliche, Herzen- und Ehebrechende Säkulum fallen ließ. Er ließ sich oft auf den Beweis ein, daß, wenn das künftige Jahrhundert auch sonst der Menschheit das Krankenlager weicher bettete, es doch den intermittierenden Puls derselben vermehren würde – der Anstalten zu einer allgemeinen Entkräftung und Auskernung, bewies er, seien zu viele – der Luxus wachse höher mit dem Reichtum, dieser mit jenem, die Armut mit beiden, die Ehelosigkeit und die Verspätung der Ehen mit allen dreien, die frühere Mannbarkeit desgleichen, mit dieser und jenen wieder die Ausschweifung und mit der Ausschweifung wieder alle jene Übel, und so gehe die entsetzlichste Zusammenbrechung der Menschheit in immer schmalere Formen zwischen diesen ineinander arbeitenden Tatzen wie zwischen zweien, einander immer verkleinernd wiederholenden Spiegeln fort – und was dann von Jünglingen, die sich schon in der *verjüngten* Größe des kindischen Greisenalters bücken, zu hoffen oder vielmehr zu fürchten sei, das mög' er nicht erleben. Aber noch feuriger und rührendgerührt wandt' er sich zu den Kinderfeinden, die jetzt in ganzen Rotten die Erde besetzen, die als Widerspiel Abrahams ihren Isaak schlachten, um einen wollenreichen Widder zu retten, und dann sah er weinend den tausend vaterlosen Waisen lebender Väter entgegen, diesen Zangen-, Achsel- und Kniegeburten des Lebens, als eignen Symbolen ihres künftigen Blutens, Tragens und Kniens, welche in ihrer besten und längsten Schlafzeit in einer von Stroh und Kissen ausgeleerten harten Wiege des Lebens frieren und zappeln – Er konnte dann nicht mehr fortreden.

Leser wissen über die Quellen solcher Reden Bescheid; aber Josephine trauete, wie alle Weiber, dem männlichen Sprecher zu sehr – mehr als dem männlichen Handeln –, weil bei ihnen das Gebläse der Phantasie dicht an ihrem Herzen liegt und pfeift und also einer, der jenes zu regen und zu treten weiß, damit leicht dieses rot und glühend blasen kann. Ja, gutes Weib, dein Mann konnte kein Heuchler und doch ein Sünder sein, aber ein reuiger, der büßen und bessern will. Und hängen nicht überhaupt zwar vom Kopfe des Menschen die längsten Engelsflügel nieder, aber auch von seinen Fersen verdammt dicke Fußblöcke, so daß er wie eine Kokette dem Fischernetz auf ein Haar gleicht, das oben Korkkugeln schwimmend erhalten, indes Bleistücke es dem Schlamm anheften?

Nur *eine* Sache quälte die feste Josephine zuweilen, nämlich die Frage, was ihn quäle; denn er kam selten aus dem Traupelschen Hause zurück, ohne in seinen Gesichtszügen einen ganzen Wolkenzug mitzubringen, welcher in einer weniger glücklichen Ehe sich in den weiblichen festgesetzt hätte als sanfte Lämmerwolken. Bedenklich wars, daß dieser Heerrauch des Unmuts in ihm anhielt, solange Ninetta im Karlsbade war; auch fiel es Josephinen später ein, daß er einmal plötzlich zu weinen angefangen, als sie abends um 11 Uhr vor Traupels Hause miteinander vorbeigingen und der Nachtwächter davor eine im Baß gesetzte Gratulanz absang, womit er nach krehwinklischer Sitte die eben geborne Tochter des Bergmanns unter der Jubelpforte des Lebens salutieren wollen. Da das gute Weib keiner Lüge, nicht einmal einer Zurückhaltung fähig war: so hatt' sie ihn sanft und oft über seinen Gram gefragt; seine Antwort war immer gewesen, ihn betrübe die kokette peinliche Erziehung so sehr, welche Ninetta ihrer Tochter *Cara* gebe. Josephine glaubt' es aus Pflicht und aus Vertrauen gegen ihn, besonders da sie bemerkte, daß eben jene mitgebrachten Wolken sich allzeit in warme fruchtbare Ergießungen für sie selber und ihr Kind auflöseten.

Die lesende Welt ist nun ganz berechtigt, von mir über das heimliche Klagelied der jetzigen Männer, das der Konsistorialrat als Chorist mitsang, das Nähere zu erfahren, und zwar bald. – Dazu wird die nächste oder *zweite* Ruhestunde ausgesetzt, wo ich wieder den Leser manipulierend in den magnetischen Schlaf hineinzustreichen hoffe, der ihn so sehr in Rapport mit dem schreibenden Magnetiseur versetzt.

Zweite Ruhestunde

Mondschein – Niquille – kosmetische Hungerkur – Vatermartern

Es war mitten im März des Jahres, in dessen ersten April ich den Leser schon weiter oben habe gehen lassen, daß Perefixe in der Flachsenfinger Redoute mit einer langen, gewandten, frohen weiblichen Maske tanzte. Im ausruhenden Gespräch machte er nach seiner jugendlichen vertrauenden Offenheit sie früher mit sich bekannt als sich mit ihr; sie gab sich als eine nach Wien reisende Sängerin an, namens Niquille. Zum Glück – einen Tag später sagt oft der Mensch: zum Unglück – logierten beide in *einem* Gasthofe; und stiegen vor *einer* Haustüre aus. Niquille konnte nur französisch und italienisch, er war der Mittler zwischen ihr und der deutschen Wirtsdienerschaft. Es kann weniger durch die Abreise, die schon morgen einfiel, als durch die Unmöglichkeit, irgendein Mondlicht, besonders ein gemaltes, bei Tagslicht zu beschauen, entschuldigt werden, daß sie noch heute nachts den Konsistorialis ersuchte, einige italienische Transparents oder Mondscheinstücke, dergleichen ich mehrere sehr elende gesehen, in Augenschein zu nehmen. Diese Bilder für bloße Augsburgische Thesesbilder und Buchdrukkerstöcke ihres Themas anzusehen, das war er so gut imstande als einer, der auf keiner Maskerade, geschweige an deren Schenktischen gewesen; allein – da Niquille so keck und philosophisch dachte, sich gegen alle Jagdverbote der Liebe metaphysisch erklärte und sagte, sie würde jedes aufheben, hätte sie sonst Temperament – so wollt' er sehen, ob sie denn der – Teufel plage. Es gibt Foliobände, welche ausführen, daß dabei nicht viel Segen sei. Das Zimmer wurde, wie eine Glocke luftleer, so lichtleer gemacht und die einfältige Rötelzeichnung des purpurnen Mondscheins – denn von der magischen Silberhochzeit der Nacht ist auf diesen Schwefel-Abdrücken des Abendrotes wenig nachzuweisen – eingesetzt und angeleuchtet. Die vertrauliche Dämmerung, dem Mond- oder Nordschein gegenüber, lockte allmählich ein oder ein paar Dutzend Teufel näher, Dämmerungsvögel, welche dann am liebsten nach Futter ausfliegen. Es fiel ihm vielerlei zu sagen und zu bedenken ein, zum Beispiel daß es heute Frühlings-Anfang sei, welches er sinnreich auf diese Stunde applizierte – daß diese Ballenbilder an Raffaels schön ausgemaltes Schlafgemach erinnerten – und daß Niquille bloß eine Sängerin sei, die er nie am Tage mehr sehe, geschweige bei diesem italienischen Nordschein. – Manche Menschen sind die Sklaven der Minute, obwohl die Herren des Tages; Leidenschaft in ihrem Herzen ist Feuer in einem Schiff. Mit einem Wort: wie der Priester nach der Tonsur zu den 7 kleinern Ämtern, deren Treppen erst zur Priesterwürde führen, sich in wenig Stunden, als vom Türhüter zum Lektor, von da zum Exorzisten, dann zum Akoluthen, dann zum Subdiakonus, zum Diakonus und endlich zum Presbyter hinaufschwingt – so ließ die Sängerin, in Verbindung mit den Dämmerungsvögeln, den Konsistorialis das Avancement, das durch die 7 ordines minores eines Liebhabers heraufgeht, nämlich die Ämter eines seufzenden, eines anblickenden, eines händedrückenden usw., so schnell hintereinanderwegmachen, daß er in ebenso kurzer Zeit ihr Priester wurde als ein anderer ein katholischer.

Der arme Teufel! In Krehwinkel sann er sehr darüber nach. Er wurde sogleich aus dem ersten Schlafe seiner Selbstvergessenheit herausgeholt durch ein sanftes Fäustchen. Niquille nannte, als dieser Weltpriester mit dem Beichtsiegel vor ihr stand, ihren Namen – – Ninetta und vertierte die Reise nach Wien in eine nach Krehwinkel. Aber auch der Erschrockne setzte sich in einen Schreckensmann um: er zog von seiner Verlobung mit Josephinen den Vorhang weg, und Ninettens Priester blieb ein – unbeeidigter.

Was gleich darauf und später für Stürme säuselten und was für dissertatiunculae gegenseitig gedruckt wurden, mögen habilere Stadtgeschichtsschreiber ausführen; ich habe am Faktum genug, daß der Teufel in der kurzen Sieste, wo der Konsistorialis sein Gewissen verschlief, sich Gelegenheit ausersehen, für dessen ganzes Leben den Kern eines breiten Giftbaums in die Erde zu bringen. Sein reuiges Herz, obwohl ewig dem edlen seiner Josephine ergeben, wurde an das verderbliche durch ein heiliges Band geheftet – durch *Cara*. Er hatte die feinen geistigen und physiognomischen Ähnlichkeiten nicht erst nachzuzählen gebraucht, die das arme Wesen dem Adoptiv-Vater absprachen; denn als er vor dem gratulierenden Nachtwächter vorbeiging, hatt' er schon Vater-Tränen vergossen, aber bloß bittere.

Wir erinnern uns alle noch, daß Ninetta, selber aus einem April kommend, nachher den Geschwornen dahin verschickte, daß dieser das Glück hatte, daraus die Kalender-Insignie des Monats, eine schöne Blume mit einer génie fleuronnée, mitzubringen, nämlich seine Ninetta. Sie nannte ihn daher am liebsten *Närrchen* und ließ den April weg, der doch nur ein Zwölftel des Jahrs bezeichnet; auch andere Weiber sagen gern: Närrchen! – Ich komme nun aus der Vergangenheit der Geschichte zur Gegenwart derselben zurück:

Perefixe hatte in seiner Ehe nur *einen* Sohn erzeugt; und Traupel hatt' in seiner auch nichts erzielt als diese Cara. Desto feuriger hing nun jener Vater am holden Kinderpaar; ja der lebendige Zaun, der mit seinen Dornen zwischen ihm und dem Tochterherzen dick aufwuchs, machte nur, daß sein eignes desto väterlicher in dieser Nähe und dieser

Trennung dem abgerissenen entgegenklopfte. Dadurch griff nun Ninetta in das Heft und die Handhabe seines Lebens und Herzens und hielt ihn an seinem Fehler fest – aus Rache und aus Eitelkeit. Sie konnte ihn quälen und beherrschen durch jeden Pfeil, den sie gegen die Brust seiner Tochter auf den Bogen legte. Kurz er mußte – um nur die Tochter zu sehen – die erbärmliche Rolle machen, daß er hinter der Triumph-Volante, wovor immer neuer Vorspann trabte, stand und sich stoßen ließ, mit der Hand im Lakaienriemen.

Er mußte zusehen, wie die kokette Weidmännin, der die sanfte Cara zu still, zu bescheiden, zu gutmütig und offenherzig war, alle diese offnen Blumen verdrehen, eindrücken und abschneiden wollte, um eine jüngere Ninetta daraus zu ziehen. Er mußte zusehen, wie sie sogar den Körper in der Poliermühle zerquetschen wollte, damit die Tochter die Mutter würde. Da das stille Meer von Carens Blut, das immer seinen sanften Himmel abspiegelte, Ninetten zu viel Fett abzusetzen schien: so schickte sie in das Meer von Zeit zu Zeit die nötigsten Stürme. Wie Sparter untersagen solche Mütter das weibliche Fett – wie das Fannische Gesetz das Mästen der Hühner –, weil der Krieg dabei leidet. Deswegen stellte sie bei ihrer Tochterschule den besten Koch – den Hunger – als Figuristen und bildenden Künstler an, um das ruhige gesunde Wesen zur Charis einzukochen, wie Gewächse durch Nahrungs-Mangel sich in bunte Farben aufblättern. Was guter Essig und langes Wachen tun konnte, wurde angewandt, um den Golddraht der schönen Taille auf dieser

Ziehbank immer feiner zu ziehen. Armes, weiches Geschöpf! woran die Axt statt der Baumschere formt und dem man die Wurzeln statt der Zweige ausschneidet! Komisch und rührend zugleich fiel die zurückgebrochne manirierte Stellung des Mädchens gegen die kindliche Unbefangenheit ab, die aus den weiten hellen Augen lachte, und der gebietende Anstand gegen das demütige Herz voll Anhänglichkeit.

Hatte nun nicht mein Titel recht, eine Marter, wie Perefixe in diesem Erziehungsinstitut aushielt, ein Klaglied zu nennen? Und war alles nicht desto bitterer, da er das Lied nur heimlich in den Bart hinein singen durfte? –

Dritte Ruhestunde

Betrachtungen über das Klagelied – fernere Strophen desselben – das edle Bergwesen – Wolfgang – Cara.

Ein paar Oktavseiten, und was darauf steht, werden nicht verloren sein, wenn man sie bloß zum Schildern und Bedauern der jetzigen Männer verbraucht, welche ich in ganzen Singschulen beisammen stehen sehe und mit den ausgeteilten Singstimmen in der Hand das Klaglied intonieren höre. Selten kann ich über den Markt weggehen, ohne auf ein oder ein paar männliche Gesichter zu stoßen, auf denen herbe Sorgen über ihre Kinder der ersten, zehnten, zwanzigsten Ehe stehen, ob es gleich denen von der letzten Ehe, worin sie wirklich leben, ganz gut ergehen möge. Die Venus am Himmel zieht nicht nur die Erdkugel aus ihrer

Bahn, sondern auch die Insassen derselben noch mehr, und ich habe über die letztern Weltkörper genauere Perturbations- und Nutationstafeln im Beschluß als viele andere. Männer, die weit herumgereiset, denk' ich mir hierin als die größten Dulder, weil sie in jeder Seestadt, auf jeder Insel, in jeder Residenzstadt von den georgiques françaises ihrer Schäferstunden – wie Delille von seinem Buch – 12 Ausgaben veranstaltet haben, so daß – wenn Linné in seinen alten Jahren alles, sogar den Namen seines Schwiegervaters vergaß und man sich darüber in Europa wunderte – man sich gar nicht zu wundern hat, wenn diese Pilgrime in ihren besten die Schwiegerväter nicht behalten können; weils die Menge macht. Das heimliche Abhärmen eines solchen Heerführers seiner in ganz Europa postierten enfants perdus ist offenbar genug.

Was den Adel anlangt, so ists, hoff' ich, anerkannt, welche Schritte der größere Teil desselben tut, sich mit dem tiers-état zu vereinigen, auch dadurch; – und der état seinerseits will auch nicht nachbleiben – und auf diese Weise mag sich Gleichheit wie sonst in Norden das Christentum fortpflanzen, nämlich durch Weiber. Es kann sein, daß man aus diesem Grunde in Spanien alle Fündelkinder für adelig erklärt. Aber man setze sich einmal in die Seele eines sechzehnschildigen landtagsfähigen Edelmanns, der auf der Hausflur vor seinem Stammbaum stehen bleiben und denken muß: »Meine besten rüstigsten Junker und Fräulein hab' ich in Bauernhäuser, Fuggereien, Kaufhäuser verteilt – sie wachsen in der schlechtesten Gesellschaft auf, die nicht turnierfähig ist, und werden selber nichts Bessers – zu den Legitimationen der Würmer fehlt Geld – nur gerade was in meinem Schlosse mit meinem adeligen Geblüte und Wappen herumläuft, sind ein paar dünne weiße Schatten: ist das nicht nagend?« – Gratulieren sollte sich noch der Edelmann, daß er doch die weißen Schatten hat und aus allen Völkern gerade diese Kinder Israels zu seinen erwählten machen können. Bei Männern, die zur Ehe nur wie Mädchen zur Tabakspfeife greifen, nämlich in der Zeit der Not, sind Schatten ein wahres unerwartetes Geschenk; denn gewöhnlich lässet die künstliche Ehe, wie künstliche Blattern, wenig Spuren zurück.

Diese ganze büßende Brüderschaft wird sich mehr erholen, wenn man mit Hülfe der neuern Romane noch weiter in der Sache geht, so daß Kinder nicht sowohl, wie in Sparta, von gemeiner Stadt erzogen werden als vollends erzeugt, *Lands*-Kinder im schönsten Sinn. Immer nötiger wird es daher, daß schon jetzt die Konsistorien von allen verbotnen Verwandtschafts-Graden auf einmal dispensierten, weil bei dem allgemeinen Föderalismus und der galvanischen Kette der Liebe, die um das seidne Band der Ehe herumläuft, kein junger Mensch mehr gewiß sein kann – wenn er eine verwandte Seele heiratet –, ob er nicht seine Schwester trifft.

Das ist nun das heimliche Klaglied der jetzigen leidtragenden Männer, wovon ich im Titel sprach, und welches das einzige ist, in welches sie gutmütig die Weiber nicht einzufallen zwingen; denn diesen verbleiben glücklicherweise immer die Kinder, wenigstens die natürlichen. – Auch das mißmütige mürrische Gesicht vornehmer und reicher Jünglinge leit' ich leicht von diesem innern

Passionsliede ab; die armen jungen Narren werden schon von tausend stillen Vatersorgen verfolgt und angepackt. – –

Wieder zur Geschichte! – Perefixens Leben lief über lauter Stacheln und spanische Reiter weg. War er mit Ninetten allein: so übergoß er sie nach seiner Lebhaftigkeit mit pädagogischen Bitten, die nichts fruchteten, weil sie auf viel wärmere rechnete. Einmal an einem Sonnabend überraschte der Geschworne beide in einem heftigen Zank, der für ihn arabisch war, nämlich französisch. Perefixe hatte feuchte Augen. »Wir streiten über die Erziehung meiner Cara« – sagte frech Ninetta – »der Herr Konsistorialrat interessiert sich schon für das hübsche Ding.« Traupel übersah Perefixens wetterleuchtenden Blick und sagte verschmitzt: »O charmant, charmant!« Bei solchen Rätseln passete er bloß auf den Abend nach dem Essen und auf ganz spaßhafte Aufschlüsse, die ihm die Frau über den närrischen Konsistorialis übermachen werde. Daher bestrich er ihn häufig mit jenen listigen muntern Epopten-Blicken, die sagen wollten: »Teuerster Rat, um Gottes willen nur nicht groß getan mit Seinem Verstand und Dem und Jenem – man führt Ihn, so wahr Gott – – Verdammt! darf man denn reden?« –

Gleichwohl mußte Perefixe bei diesem Segment eines Kopfes geduldig ausharren. Ja er gewann ihn lieb zuletzt aus Mitleid, weil die Frau die schlechten Augen berückte und verhöhnte, die der Bergmann außerhalb seines Maulwurfshaufens der Bergwissenschaft für fremde *Gänge* hatte: Perefixens Herz vergitterten keine harten Brustknochen, und er konnte auf der Gasse vor keinem gepeitschten Kinde vorübergehen, ohne hinzuspringen im Priesterornat. Darum nahm er sich des betörten Bergmanns an und drückte diesen nicht in seinem heimlichen Aufblasen. Er trat gern näher hin zu dem Geschwornen (und zur Langweile) – indes Ninetta fortlief –, wenn dieser anfing, mit Wenigem das Hüttenwesen und die Zechen zu berühren – der Phantasie des Zuhörers den Berghabit anzulegen – als ihr Steiger mit ihr ins Elysium der Unterwelt einzufahren, nachdem er sich vorher kaum im Vorbeigehen nach dem Hundejungen und dem Schwenzel umgesehen – und mit ihr drunten in den Gängen und hinter den Wasserwerken herumzukriechen. Perefixens Aufmerksamkeit setzte dann den Geschwornen auf den Thron. Er fuhr mit der Phantasie wieder zu Tage und ging (und Perefixe mit) in seine Schreibstube, um das

Wunder- und Meisterwerk seines Daseins, wornach er allein gewogen sein wollte, ein wenig zu zergliedern, nämlich ein tragbares Zwerg-Bergwerk, worin er das ganze Bergwesen mit allen Flözen und Knappen nachgebosselt hatte bis zum kleinsten Fäustel und woran er nichts ausgelassen als die Berggeister. Wenn nun der Vulkanist seine Zangengeburt in allen ihren Gelenken auf einmal überschauete und die 1000 Schöpfungstage summierte – und wenn er noch dazu etwan in dem Krönungsanzug des Berghabits, worin er einmal seinen gnädigsten Herrn mit der Knappschaft einholte, dastand, die Stirn unter Blech, den H. unter Leder: so tat er freilich nichts anders, als was von der schwindelnden Menschentextur auf solchen Höhen zu erwarten ist, wenn er den Konsistorialrat zuerst kaltblütig fragte, ob *er* seines Orts auch glaube, daß bei dem Bergbau ein anschlägiger Kopf nicht ganz übel angebracht sei, und wenn er dann, sobald Ja gesagt war, mit vollen Segeln herausfuhr: »Nun so lassen Sie sichs von *einem,* ders inne hat, gesagt sein, daß alle euere Wissenschaften nur Fixfaxerei ist gegen wahres Bergwesen; denn wahrlich ein Bergmann steht in seiner Grube über euch alle und braucht niemand anzusehen.« –

Perefixens Kummer nahm mit den Jahren seiner Tochter, mit der Liebe zu ihr und mit Ninettens Einfluß auf sie zu. Oft wenn er sah, wie die Mutter ein Vulkan war, welchen die Kleine wieder vertrauend bestieg, sobald er ausgedonnert hatte, und wie sie noch mehr – als der Mutter – dem trocknen, selten erscheinenden Traupel das ganze Herz zukehrte: so seufzete er über die schöne

Liebe, die sich an den scheinbaren Vater verirrte, und über den wahren, der sie entbehrte; ja mitten durch die Freude über die eiserne Geradheit seines Sohnes – das Gebilde der mütterlichen Erziehung; denn er pflegte, wie die meisten Väter, die Kinder mehr zu genießen als zu erziehen – fuhr der stechende Gedanke an das Verderben der Tochter.

Geheimnisse in der Ehe sind gefährlich und nichtig, ihre Scheide bedeckt immer einen Dolch, den die Zeit endlich zieht. Josephine wurde zuletzt unruhig und beklommen, wenn sie den daliegenden Sphinx ansah. Seine Trauer über die Badreisen, in welche Ninetta immer die Kleine zu den Brunnenbelustigungen, das heißt zu den Brunnenvergiftungen mitschleppte, nahm bei Josephinen die Nebenbedeutung eines

Schmerzes über Ninettens Entfernung und über die Gewißheit an, daß ein Badort eine Redoute voll Gleichheit und Freiheit sei. – Noch irriger wurde sie, als sie vollends auf die Geschworne näher und ruhig, wie ein Stern, die geraden scharfen Strahlen fallen lassen und an ihr eine prangende Tulpenglocke gefunden hatte, deren beißende Tulpenzwiebel in der Erde schwillt. Josephinens Härte und Schärfe gegen den Fehler – so groß wie ihr Vertrauen auf den Wert – wurde eheweiblich aufgeregt durch Ninettens satirisches Betragen gegen das Beten und Wissen des ehrlichen Traupels, der seinen Geist wie seinen Magen gern mit einer Berghenne ernährte und es dem Konsistorialis dankte, daß er seiner Frau feine goutées vorsetzte. Und was mußte Josephine erst über die verschiedenen Gestalten denken, in welche sich jene vor Perefixen brach, indes sie selber in einer blieb, wie unreines Wasser in mehrere Figuren gefriert als reines? – War er, wenn er allein da war, nicht ein hüpfendes Eichhörnchen neben der Klapperschlange – ein Schneußvogel, der sich in einem Haare fängt, wenn es in einem Ringe schöne Worte bildet, und vollends in einer Locke? –

Sie nahm sich vor, ihm einen sonderbaren Vorschlag zu tun; und die Zeit, worin sie es wollte, schien erlesen dazu.

Er und sie hatten nämlich ihren Sohn mit gleichem Willen zum Soldaten bestimmt. Ihr *Wolfgang* war einseitig, störrisch, ehern ohne Phantasie, aber voll Mark und Mut, voll Treue und Liebe. Er war stets wieder vom Musenberge herabgerutscht, so hoch man ihn auch hinaufgezogen hatte, bis man endlich einen festen Sandboden – und einen Archimedes dazu – für ihn ausmittelte, worein er seine Figuren und Zahlen treten und schreiben konnte; – es konnte ein guter Mathematiker und Krieger aus ihm werden. – In der Woche, wo Josephine den Vorschlag tun wollte, sollt' er in die Welt hinausgeschickt werden, in eine Kriegsschule eigentlich und uneigentlich. Die Eltern waren gerührt, der Vater noch mehr als die Mutter, weil seine größere Phantasie sein zweites Herz wurde; – die Wüste der kinderlosen Einsamkeit dehnte sich vor ihnen aus.

An einem Abende, als Wolfgang, dem schon alles eingepackt war, ausgenommen sein letztes Arbeitszeug, die Flöte, im obern Zimmer diese blies, sahen sich die Eltern mit Augen voll wechselseitiger Schmerzen an. »Ach, eine Tochter«, sagte Josephine nach dem Abtrocknen der ihrigen, als antwortete sie dem Manne, »verließe uns nicht so früh.« Er sah sie erschrocken an, aber in ihren Augen war Liebe und Mutterschmerz und nichts weiter. »Höre einen Vorschlag an, du Lieber! Ich kenne eine, die ich und du so lieben, als wäre sie unser Kind. Nimm sie ins Haus. Rate wer!« – Er sah ihr starr ins Angesicht – ob dieser Vorschlag vielleicht ein Luftreinigkeitsmesser seiner Treue sei –; aber dieses trug, da sie durch die Adoption des Kindes einer Nebenbuhlerin etwas Verdienstliches zu tun glaubte, bloß den Glanz der offnen begeisterten Unschuld. Er riet leise: »Wer? – Cara?« – »Aber ohne die Mutter!« sagte sie scherzhaft. – »Josephine«, (antwortete er, indem sein Angesicht flammte und sein Herz weinte) »glaubst du an mich, so wie ich an dich glaube?« – »Nein«, sagte sie leicht – » o ja, ja! ewig«, und fiel in seine Arme, und als sie seine Tränen fühlte, setzte sie leise und ernst dazu: »Ewig! o sonst stürb' ich ja!«

Er eilte zufolge seiner Flughitze noch diesen Abend zu Ninetten. Seine Beredsamkeit und Rührung gewann vor ihr die Gestalt des Anteils an ihr – die Vaterliebe zur Tochter gefiel ihr als eine Nachbarin der Liebe zur Mutter – sie hielt alles bloß für seinen Wunsch, nicht für Josephinens – an der unverwelkenden Blumenkette der väterlichen Liebe konnte sie ihn noch immer ziehen und lenken, ja jene wurde jetzt eine festere Fruchtschnur – kurz sie küßte ihn und ließ ihm Cara.

Ich will es beiläufig mit herwerfen, daß das größere Alter Carens und die gleiche Länge, so wie ihre Aufmerksamkeit auf manchen

Herren-Besuch ihr es leicht machte, das Kind um einige Gassen weiter zu wissen; Mütter, die keine sind, büßen durch Töchter ein; der alte Wein im Fasse trübt sich, wenn der junge aufblüht. – Ihren Mann, der Cara sechs Tage lang entbehren konnte, weil er nur am siebenten kam, versöhnte sie am leichtesten mit der Auswanderung in ein geistliches frommes Haus; »du weißt«, sagte sie, »daß ich eben nicht die Frömmste bin; – und wer kann wissen, wie es mit Wolfgang geht?« – sie tat, als wenn sie eine Heirat meine; sie war eine Philosophin, Perefixe ein Kapitalist.

Lasset uns die Augen auf schönere Seelen richten und auf den überirdischen Tag, wo morgends die geliebte Tochter einzog, indes abends der treue Sohn fortwanderte. Zuweilen malt das Geschick die nackte Leinwand der Wirklichkeit so gut, als Dekorateur, daß diese in der Tat ins poetische Spiel des Herzens eingreift, und streicht die Hanf-Seile, an denen die Götter zu uns niedersinken, mit der Farbe der Unsichtbarkeit an. Ein solcher dekorierter übermalter Tag war der, wo die zwanglose, zärtliche, biegsame Cara aus der schwülen kosmetischen Folterkammer in die luftige Laube dieses Hauses hüpfte und mit herzlichen Augen den Kreis liebender Seelen umlief, und wo Perefixe alle Herzen auf einmal erbte und Josephine sich ihres edeln Werkes erfreuete.

Was Wolfgangen anlangt, so trug er sich den ganzen Tag – um nicht unsoldatisch gerührt zu werden – gute Flötenstücke vor; und nur als er abends ausgeflötet hatte, fuhren acht Tropfen in seine blauen Augen. Cara rechnete sich sehr mit zur Familie und nahm daher, als er sich nachts auf die Post setzte, so gut ihren gerührten Anteil mit daran als jeder andere.

Vierte Ruhestunde

Der Leder-Arm – Air à trois notes –
Enthüllungen aller Art – Verhüllung

Nun gingen die Jahre einen sanftern Gang. Dem Sohne wuchsen immer längere Adlersfedern, und Cara, die weiße Taube, blühte zum Schwane auf. Perefixe gewöhnte sich immer fester an die nahe Tochter an, und sein Herz zerschmolz in Vater-Wärme, wenn er in den Mondschein ihrer lichten, aber ruhigen Seele blickte. Sie wurde jetzt vom Geschwornen und sogar von Ninetten mehr geliebt. Ja da nun nicht mehr die Vipern des pädagogischen Zanks um diese und Perefixen herumkrochen und beide mit ruhigern Händen nebeneinander auf ihrer freundschaftlichen *Moos*-Bank saßen: so gaben sie sie einander zuweilen. So sehr waren oft nur unsere Verhältnisse hart, indes unsere Herzen es geschienen.

Allein das Kriegsheer des Unglücks rückte doch im Nebel der Zeit ungesehen gegen den armen Vater fort. Josephine wurde immer dichter von der Schlange des alten Rätsels umwickelt; der Mann besuchte nicht nur die Geschworne jetzt fast öfter wie sonst (er mußte), sondern er blickte auch oft die liebe Cara mit wärmern Augen an, als ein Konsistorialis führen soll. Einmal ertappte sie ihn in einem Kusse; – das war ihr am galanten Mann nicht fremd, aber sein Erröten dabei. Ach es kam eben von jetziger

Unschuld und früherer Schuld. Nur einmal ging der flüchtige Gedanke an die wahre Auflösung des ganzen Rätsels vor Josephinen wie ein kalter Gespenster-Schatten vorbei; aber sie erschrak, nahm ihre schöne Seele zusammen und stieß den zurückkriechenden, mit Krebsscheren umhergreifenden Argwohn weit von sich. Um sich davon zu entsündigen und das von ihm bekrochene Herz zu reinigen, ließ sie die Hälfte von ihrer räsonierenden Strenge gegen den für sich und andere zu nachsichtigen Gatten nach und säete um ihn einen neuen Blütenflor der Liebe aus; aber die gute Seele merkte nicht, daß sie zu derselben Zeit auch wärmer für seine Cara wurde, gleichsam als sei diese das, was sie – war. –

Wolfgang hatte sich unterdes ins Ingenieur-Corps hineingearbeitet mit seinem trigonometrischen Kopf und errang sogar die Ehre – glücklicherweise nahm der Fürst Anteil am französischen Kriege –, mit zu belagern. Josephine, deren Vater Major gewesen, zeigte weniger Besorgnisse als ihr Mann, der zwar großen Mut für die Gegenwart, aber ebenso große scheue Phantasien über die Zukunft hatte. Am schmerzlichsten pochte das junge kriegsunerfahrne Herz der sympatethischen Cara, aus Liebe für die Pflegeeltern, denen sie alles nachtat und nachempfand; zitternd hörte sie seine Briefe lesen, an denen ihr nichts so gefiel als seine Handschrift, das Dokument seiner Existenz.

Auf einmal hörten die Briefe auf – zum Glück auch die Belagerung (nach der Zeitung) – vor dem Posttag hatte die Hoffnung das Wort, sogleich nach ihm die Angst.

Ach nur diese hatte recht. Der im Kriege noch unbändiger gewordne Tollkopf wollte, da der Soldat im Frieden so langsam avanciert, als ein Kardinal fährt, die von den Glückskugeln des Todes geebnete und rasierte Rennstraße des Avancements recht wild durchrennen, als ihm unterwegs eine von diesen Kugeln den rechten Arm wegbrach. »Eine wahre Fatalität!« sagt' er und weiter nichts. Er gab während seiner Heilung keine Nachricht von sich, damit die Eltern nicht über ihren Ausgang Grillen fingen. Als aber die Stätte des Arms wieder mit Fleisch zugeschlossen und ein neuer von Leder darauf restauriert war: macht' er sich mit seiner ganzen fahrenden Habe, mit dem Reisekoffer, auf nach Krehwinkel.

Der Konsistorialrat reisete eben im Lande umher und arbeitete an Investituren und

Kommissionen. Josephine und Cara wohnten miteinander in einem Garten vor dem Tore. Es war ein schöner blauer Vormittag, als er ankam; sogar in der Stadt lärmten die Vögel, alle Wiesen lagen noch in hohen Blüten um den Garten, und dieser selber war fast undurchsichtig vor duftender und grünender Fülle. Wolfgang blieb mitten im Garten ein wenig stehen vor einer Sonnenuhr, um seine Taschenuhr darnach zu stellen: als er hinter dem hochstaudigen Bohnenbeete seine Mutter hörte, die zu Cara sagte, sie solle das Postskript an Wolfgang machen. »Nicht nötig!« rief er und trat herum. »O Gott! das ist er«, rief Josephine. »Leibhaftig!« sagt' er und ging im abgemessenen Soldatenschritte auf sie zu und umarmte sie mit *einem* Arme, indes der künstliche vornehm zwischen die Westenknöpfe geschoben blieb. Die mitten in der Entzückung aufmerkende Mutter blickte mit fragendem Erschrecken auf den festen Arm und dann in sein vom Kriege gebräuntes Gesicht, auf dem *eine* von der Marmorsäge der Kur-Folter gezogne steilrechte Falte mitten auf der jungen Stirn und die Mischung von männlicher Resignation und von kindlicher Rührung über den Gedanken, daß er seinen Eltern einen Krüppel mitbringe, unaussprechlich wehe tat, und dann sah sie wieder auf den Arm mit den leisen Worten: »O Gott! Sohn?« – »Ja, ja«, sagt' er, »der Teufel hat den alten geholt.« Da lehnte der übertäubende Schmerz die starke Mutter an ihn, und Cara nahm seine Hand zwischen ihre beiden und bückte sich weinend mit den erstickten Worten darauf hin: »Ach Sie armer, guter Mensch!« – Er riß seine heraus, fuhr über das feurige Auge und sagte: »Pah! – Wo ist der Vater?« – Und so hatten wieder drei Menschen eine bitterste Minute überstanden.

Allmählich zog sich der Nebel ihrer Seelen auseinander, und der Himmel blickte wieder durch; nur für die gute Mutter war er als eine feste lange Wolke in ihr Blau gestiegen. Die Mütter legen einen größern Wert als die Väter auf gesunde und gerade Glieder ihrer Kinder, weil sie Teile ihres Wesens sind und die Denkmäler ihres Daseins.

Nach so vielen Kriegswettern und nach so vielem Schmerz aus dem schwülen Leben unter Fremden und Kranken war dem guten Soldaten dieser leise sanfte Tag zwischen zwei pflegenden Herzen ein geistiger Balsam, der eine gelinde Wärme durch sein Wesen verbreitete, ohne daß er wußte woher.

Das Herz der guten Cara war auch voll, sie dachte, es sei von Mitleid; – auch war viel davon mit darin, da ohnehin Weiber die Schmerzen der Männer inniger bedauern als die eines Geschlechts, dessen Leben wie das Alter eine Krankheit ist –; aber Amor schneidet sehr oft aus der Binde um die Wunden eine um die Augen zu. Ich sehe ihn dasmal mit Vergnügen arbeiten; beiden unbefangne treuherzigen Wesen, noch selig-fern von jener ästhetischen Besonnenheit des eignen Werts, die dem andern jede Perle des Schmucks auf der Perlenwaage hinwiegt, hatte die Natur die Ringfinger füreinander auf die Welt mitgegeben.

Wolfgang war in seinem eignen Lager ein Trompeter mit verbundnen Augen und wußte nicht, ob er eine Eroberung mache oder eine sei. Unter dem Essen sprach er bloß von blutigern Eroberungen, und sein Gespräch wurde ein Feuerwerk, das in die Luft die Gefechte zeichnete; aber er merkte nicht, daß er, indem vier zärtliche Augen aufmerkend und sorgetragend zu ihm aufgehoben waren, sich und andere an einem nähern als dem Kriegsfeuer erwärme. – Doch blieb er nicht bei den Weibern, er wollte schon heute wieder in die Achse-Bewegung seiner täglichen Arbeit kommen und konnte kaum erwarten, bis gegen Abend sein Arbeitszimmer zugerüstet war.

Man trug seinen Koffer hinauf, und die emsige Cara eilte nach, um seiner einzigen Hand mit ihren im Auspacken beizustehen; die Unschuldige dachte, da die edle Mutter ihn so liebe, so dürfe sie ihres Orts ihr auch an solcher Liebe nicht nachbleiben. – Sie trat hinein zum stillen einarmigen Menschen, er kramte schon mühsam aus; Abendschein und Baumschatten spielten zauberisch um seine schöne Gestalt, und Cara fühlte, wie sich ihr das Herz und eine Zukunft öffne. Sie litt sein einhändiges Auspacken nicht, sondern trug ihm alles zu – er hatte nur zu ordnen –, die großen Landkarten, die Festungs-Abrisse, seine mathematischen Bücher. Dann brachte sie drei schwarz gesiegelte Briefe, die an benachbarte Eltern gefallner Söhne waren: konnte sie da dem Gedanken entweichen, daß ein ähnlicher vierter an Josephinen schon angefangen war, nur aber nicht ausgeschrieben wurde, weil das Verhängnis sich die Libation der Armwunde statt des ganzen Opfers gefallen lassen? –

Sie reichte ihm einen sogenannten Kriegsschauplatz, er rollte ihn auseinander und zeigte ihr, was dieser häßliche Wundzettel der Menschheit eigentlich enthalte. Kriegskarte – wie leicht wird das Wort ausgesprochen, wie kalt sie verkauft und gekauft! Aber was bedeutet das Land darauf? Ein armes verfinstertes Stück Erde, das unter dem dicksten Hagel des Schicksals zittert. Was enthalten die Städte und Flüsse darauf? Jene die Verwundeten auf Wagen und diese die Leichen zwischen blutigen Ufern. Es gibt keinen Schmerz, der nicht auf diesem Schauplatz wohne, und keine Sünde, die da nicht siege, und alles ist fliehende Scheidung, und nur in Gräbern sind, wie sich gescheiterte Schiffer aneinanderbinden, die Menschen gehäuft beisammen. – Wirf sie weg, diese schwarze Karte der Erdflecken, sanfte Cara, und mal es nicht nach, was dir dein Freund davon vormalt, um dich in dem Geburtsort seiner Wunde einheimisch zu machen!

Endlich fand sie etwas Schöneres, was er tief verpackt hatte, um es nicht mehr zu sehen, die Flöte; sie trug sie hin. »Sind Sie klug, liebwertes Kind?« (sagt' er) »Mit meiner Pfeiferei ists nun aus auf immer.« – »Einige Noten doch noch!« sagte sie zärtlich – »so viele doch wenigstens!« setzte sie dazu und spreizte scherzend fünf Finger aus, wollte aber mit allem diesen bloß seine deutliche Verzweiflung über das von *einer* Kugel niedergerissene Lustschloß und Odeum mildern. »O noch eine mehr, wenn Sie da sind«, sagte er. »Wir brauchen nur die Hälfte«, versetzte sie – und lief davon – und kam wieder – und hatte Rousseaus Air à *trois* notes in Händen.

Guter Rousseau! wie oft haben in diesem nicht harmonischen, sondern melodischen Dreiklang deine Träume im weichen Italien und die in deinem gleitenden Boote und alles Abendgeläute eines fernen, unter dem Abendrote uns stillenden Arkadiens zu mir herüber geklungen! O vor deinen drei Tönen wachen drei sehnsüchtige Seufzer auf in der dürftigen Brust, und wir sehen uns um, und die Vergangenheit und die Gegenwart und die Zukunft gingen vorüber. – Weicher Rousseau! du hattest ein Herz! –

Cara setzte sich mit der Arie: Comme le jour me dure, Passé loin de toi in das Fenster und sagte, sie woll' sie singen, wenn er sie blase. Sie saß ihm zur toten Rechten, die niedergehende Sonne glühte ihr seitwärts ins blühende Angesicht. Unter den mühsamen Tönen blickte sie in die abbrennende Tages-

Flamme hinaus; denn sie konnt' ihn nicht anschauen bei dem immer umkehrenden Gedanken: dieser dreisilbige Überrest ist alles, was ihm noch von seiner reichen Kunst geblieben; und die beschattete Wange färbte sich ebenso rot als die angestrahlte. Am Ende des Gesangs wandte sie sich um, rührte spielend ein wenig an den gestorbnen Miet-Arm an, und endlich sah er aus den gesenkten Augenlidern Tropfen fallen, die ihr gar nicht der Gesang, sondern das nähere Bild entriß, das sie sich von seiner zerrissenen Gestalt nach dem Verluste des Armes entwarf. »Nu?« sagt' er gutmütig. Ihre weinenden Augen gingen zu ihm auf – – Da zog der Gott der Liebe vorbei und drückte in ein weiches, junges Herz leicht im Fluge den Pfeil und sah sich nicht um nach der Wunde.

Ohne Zeremonie ergriff er ihre Hand, zog sie vom Sitze auf und ging mit ihr in der Stube auf und ab und sagte nichts. Er fühlte seine feste Natur auf einmal in Bewegung, dieses auf dem festen Lande aufgebauete Schiff war in ein spielendes wankendes Meer gerollt; aber das Wiegen war sanft. »Nur noch einmal das Lied, liebe Cara, aber deutsch!« sagt' er. Sie setzte sich willig wieder vor die Sonne, die, selber eine Sonnenblume, sich gelb-rot ausdehnte und die Krone gegen die Erde senkte. Jetzt umflogen die Töne berauschend wie Düfte beide, und jede Zeile war eine schlagende Nachtigall, welche das ausspricht, was ein seliges Herz zuhüllt.

Aber als sie keine Sonne mehr zu sehen hatte und jetzt die Worte sang:

– Hab' ich dich verloren,
Bleib' ich weinend stehn,
Glaub', in Schmerz versunken,
Langsam zu vergehn –

sprang sie auf und sagte, die Mutter rufe sie. Er hielt sie – sie hob das Auge blöde auf und schlug es blöder nieder, und er schlang den linken Arm um sie und preßte sie an die lebendige Brust. – Unsäglich-schmerzhaft war ihr das neue Gefühl einer einarmigen Umfassung, und in der Bestürzung des Mitleidens umfaßte sie ihn mit beiden Armen, wich aber erschrocken zurück und sagte, sie habe ihm weh getan – – »Oh«, sagt' er heftig und warf den toten weg, »*der* kann fort!« – Und als sie im neuen Schauder über den hülflosen zertrümmerten Jüngling sich an ihn klammerte: da fand seine Lippe und sein Auge die ihrigen, und der Blütenstrauß der Wonne umzog sie süß verfinsternd wie der Abend, und das Leben trug alle seine vielfarbigen Juwelen schnell vor ihnen vorüber – – Und doch wußten sie kaum, ob sie sich liebten und wie unendlich – – – O die Unschuldigen und Glücklichen! – Und die Unglücklichen! – Denn auf dem Berge liegt schon das Gewitter, das in euer Tempe herabschlägt; es stieg an dem Tage auf, wo euer Vater sündigte, und bald bricht es los über der unschuldigen Liebe. –

Aber sie haben doch noch zwei Sommertage vor sich, die im vollen Sonnenscheine stehen, die Lebensluft geht noch frisch von Morgen, und das ganze Leben blüht wie ein Maitag. Vor Josephinens scharfen Augen blieb die Flöten-Stunde à trois notes nicht lange verdeckt, worin beide die erste und vielleicht die letzte Sphärenmusik ihres

Lebens gehöret hatten. Cara nahm zwar aus Furcht vor der strengen Mutter den Angelikas-Ring auf die Zunge, um sich unsichtbar zu machen; aber der offne Wolfgang spiegelte ihr jede Bewegung der Seele ab, die sich ihm enthüllet hatte.

Josephine erschrak, versteckte aber sorgfältig ihr Bemerken und Erschrecken und ging unter dieser hängenden Lauwine nur mit leisen Schritten vorbei, um sie nicht durch Geräusch zu bewegen; und hob ihrem Gatten eine reine Entscheidung auf. Den Sohn, für den jetzt Cara eine ganze mathematische Bibliothek war, woraus er die höhere Meßkunst schöpfte, sandte sie als einen Gast und als den besten Boten auf einen Tag (»dein Vater kommt ohnehin erst morgen«, sagte sie) nach »Gottes Hülfe« zu Traupel, einer ziemlich ergiebigen Bleigrube.

Der Bergmann drückte ihn an seinem ehrlichen Herzen recht heiß. Der junge Mensch gefiel ihm, weil er nicht alles »so spitz nahm« wie sein Vater, bei dem er nie ganz in seinem feuchten Elemente war, sondern wenigstens mit dem Rücken aus dem seichten Wasser in den Sonnenstich hinausstand. Perefixe war ihm ein ärgerliches Kästchen, woran er kein Schloß und keinen Deckel zum Aufmachen sah, sobald ers zugeklappt. An dem Ingenieur war ein Kirchenschloß samt Drücker und Türgriff angebracht. Er hielt den untergesteckten Kebs-Arm eine Stunde lang für gute Lebensart – so wie er seinen Schimmel fünf Jahre ritt, ohne hinter dessen schwarzen Star zu kommen –, bis er bei Gelegenheit der Marktscheidekunst, die Wolfgang gut verstand, den Einarmigen zum Einfahren invitierte und nun erfuhr, der rechte gehöre nur unter dessen Nippes. Nie fuhr wohl ein schon hoch stehender Wärmemesser so schnell hinan – auf 212° Fahrenheit, 80° Reaumure, 20° de l'Isle stieg der Traupelsche – »Glück über Glück«, rief er, »daß Sie Mittel haben – Sie können leben – Posito, gesetzt Sie werden unser Landmesser, so will der dumme Sturzel gar nichts sagen.«

Die Geistes-Zwillinge wurden so vertraut, daß Wolfgang diesen Abend dableiben mußte zu einem »Löffel Suppe und einem vernünftigen Worte«, unter welchem er ein Bataillenstück meinte. Je gewöhnlicher die Menschen sind, desto mehr suchen sie diese Malerei. Das Kriegstheater ist für sie das hohe griechische Theater und ein Generalissimus ein Shakespeare. Im Feuer des Redens und Trinkens wurde dem Ingenieur die Liebeserklärung gegenwärtiger als die

Kriegserklärung, und seine Sonne rückte allmählich aus dem Zeichen des Löwens in das der Jungfrau. Er warf viele Kränze mit leichter Hand über Cara, um »den Alten vorläufig zu sondieren«. Traupel, nicht weniger fein, dachte: warte, durchtriebner Schelm! und »sah ihn kommen«. So arbeiteten beide mit Lächeln in ihren Entzifferungskanzleien und konnten sich daraus sehen und begrüßen. Eine Hauptfinesse schien es Traupeln zu sein, wenn er seiner Frau, die in der Egerschen Badewanne saß, den Rang abliefe und, bevor sie wieder ausstiege, das Mädchen ohne weiteres an einen rechtschaffnen bemittelten Jüngling brächte und ihr so den Weg verbauete, ihm wohl gar einmal aus dem Bade einen verschmitzten vornehmen Sausewind zum Schwiegersohne zuzuführen. – Und darum schieden am Morgen beide mit dem frohen Versprechen: »Wir wollen noch dicke Freunde werden, so Gott will!«

Der arme Perefixe war schon den Abend vorher nach Hause gekommen. In der ersten Freude über den erretteten Sohn und im ersten Schmerze über den verstümmelten dacht' er an weiter nichts als an die annahende Wiedererkennung. Cara erzählte seine Erzählungen. Die Mutter sagte, er bleibe bei ihnen, und setzte dazu: »Wir haben nun bunte Reihe.« Jetzt fing die Lauwine, die ein Haus des Friedens zu verschütten drohte, oben an, die ersten Schneeflokken zu regen; mit Schrecken sah der Vater die Möglichkeit vorbeifliegen, daß beide sich vielleicht liebgewinnen könnten. Er schwieg zu Josephinens Wort und wollte heute dabei bleiben. Aber seine Heftigkeit –

die heute schon an ihren beiden Handhaben gefasset war, von Freud' und Leid – erlaubte ihm nicht, aufzuschieben, besonders einen Plan. Er erfand sich daher einen Vorwand, mit Josephinen allein in Wolfgangs Stube zu gehen. »Die jungen Leute«, fing er an, »können unmöglich so unter *einem* Dache beisammen bleiben; Cara muß wieder nach Hause.«

Josephine stutzte, sagte aber bloß, man müsse wenigstens auf Ninettens Rückkehr aus dem Bade warten. Gerade jetzt mußte Ninetta fehlen; und so arbeiten so oft mehrere Menschen auf einmal, wie ägyptische Bildhauer, an *einem* Gebilde des Schreckens, und sie wissen nicht, zu welcher schwarzen Gestalt jeder sein Glied aushaue. Er lief auf und ab und sagte: »Das wird zu lange.« – Josephine sagte ernst: »Wie kommst du mir vor?

Unser Sohn denkt rechtschaffen und Cara auch. Wenn sie sich lieben, desto besser.« – Perefixe machte auf einmal einen weiblichen Ausweg: »Desto schlimmer«, sagt' er; »in meinem Vaterland darf alles unter *einem* Dache schlafen, ausgenommen Liebende.« – »Aber ernstlich!« sagte Josephine, »sie lieben sich in der Tat!« – »Sind sie des Teufels? – Es geht nicht, soll nicht«, sagt' er, durch diese Wendung aus seiner geworfen. – »Konrad!« sagte sie mehrmals, gleichsam vorwerfend und anfragend.

Er schüttelte und schwieg. Denn er stand vor seinem Gewissen und fragte, ob er den Sargdeckel des Schweigens von diesem verpestenden Geheimnis aufzuheben brauche; und es kam ihm vor, als ob ers weniger müßte, wäre Ninetta – tot. Jetzt hingegen bei ihrem Leben stand sie ja, wenn die Kinder sich liebten, mit dem Zündstrick an dem gefüllten Minengang, auf dem so viele Herzen wohnten. – Er glich dem Minierwurm, der auf seinem Blatte weiterhöhlen muß und sich nicht wenden kann.

Aber nun blieb die unruhige Josephine nicht mehr sanft – ein fürchterliches Licht ging ihr auf, ein blutiger, durch die Sterne brennender Komet durchschnitt ihren Himmel – sie wurde andringender – »Sprich, warum?« sagte sie zürnend, »ich ahne, ich bebe, sprich!« – Ihm stürzten Tränen herab, er stand still bei der Flöte des Sohns: »Er kann dich *auch* nicht mehr brauchen«, sagt' er. – »Sprich, Mann!« – sagte sie mit erhabener Stimme, ungerührt von seinen Tränen – »mein Herz zerspringt« – »Wohl, o Schicksal!« (sagt' er und bedeckte sein Gesicht mit beiden Händen und bückte sich) – »Gleich,

Josephine!« – Und endlich sagt' er schluchzend die schrecklichen Worte: »Ich bin der Vater von Cara.« –

»O Gott, Gott! Du?« schrie sie schnell und hielt sich an dem Fenstervorhang fest; – in einer düstern Minute hörten sie einander weinen und atmen und schwiegen. – Endlich trocknete Josephine schnell die Tränen und stand und sagte: »Ich verachte dich«, und ging stolz hinaus. Die Glut des bessern Selbstbewußtseins schoß durch das zusammengefallne Herz des Mannes, und das harte Wort stärkte es ein wenig; sein ganzes Leben war ja eine Entsündigung und Strafe jener blinden Stunde gewesen; warum treibt ihn der Racheengel in eine neue Hölle?

Aber das ist der Gang des Schicksals. Wie nur die fallenden Menschen, aber nicht die fallenden Engel einen Erlöser bekamen: so wird der Fehltritt eines Heiligen härter gestraft als der Fall eines Sünders, und ein einziger Fehler trägt in das Leben einer edeln Natur eine fortfressende Pest, indes die unedle in der Schlangenhöhle ihres Lebens unter den giftigen Taten, die sich um sie winden, ungestochen wohnt und wie Mithridates, von Gift genährt, an keinem stirbt.

Der Abend war trübe und einsam für alle, jedes lebte nur in die Wolke seines Schmerzes eingeschlossen – und bloß die unbelehrte Cara hatte den süßern, sich nach dem Geliebten zu sehnen.

Am Morgen kam der arme Jüngling zeitig auf der Brandstätte unter den schwarzen Trümmern so vieler Freuden an; er war geeilet, um in eine dreifache Umarmung zu fallen und die vierte zu erzählen. Unglücklicher! wie trübe und verworren empfängt dich deine Mutter! Wie schmerzlich-erschüttert von deiner Gestalt und deinem Geschick und deiner Zukunft reißet dich der Vater an die Brust, in welcher Liebe und Schmerz und Freude so grimmig durcheinandergreifen! – Und nur Cara allein weint bloß vor Freude.

Aber allmählich ahnen die Kinder aus dem ängstlichen Geflatter der Eltern, daß in der Höhe ein unsichtbarer Raubvogel über dem Glück des Hauses schwebe und ziele. Bald wurde der schwarze Punkt größer: der Sohn forderte heftig der Mutter den Aufschluß über die Veränderung im Hause ab. Sie sandte ihn zum Vater. Dieser ließ sie durch den Sohn zu einem einsamen Gespräch im Garten bitten. Sie bewilligt' es, bloß aus Liebe für ihr Kind; gegen Perefixe hatte sich in ihrer Brust nicht heißer Haß, sondern kalte Verachtung festgesetzt; aber desto schlimmer: jener ist ein Vulkan, der sich immer ändert und oft zerstört, diese ein Eisberg, der glatt und hart unter der Sonne steht. Man rechn' es diesem hohen Gemüte nicht strenge an; sie hatte bisher ein so langes, so oft angefochtenes Vertrauen für ihn lebendig bewahrt, und jetzt ermordet er es selber mit *einem* Schlag. Nicht der Fehler, sondern die lange Heuchelei erbitterte sie am meisten. Das ist die Logik der Leidenschaft; Eubulides erfand sieben Trugschlüsse; aber jede Leidenschaft erfindet siebenmal sieben.

Ganz verschieden von der gestrigen Zerknirschung war die gefaßte Stimmung, womit er heute vor sie trat. Der alte, sich in seine Brust einsenkende Fels des Geheimnisses und der Verstellung war abgehoben, und in dieser Stunde wurde sie frei und leicht nur von der Pflicht bewegt. Er erzählte ihr ohne Leidenschaft seine Vergangenheit und sein stilles Büßen – und erklärte, wie sein heftiges Predigen gegen diese Abweichung nicht aus Heuchelei, sondern eben aus dem forteiternden Gefühle ihrer Folgen gekommen sei – er bewies ihr, daß die Wirksamkeit seines Standes und das Glück des Geschwornen und der Tochter (hier schlug er die Augen nieder) durch die Offenbarung der Mysterie untergehe – und daß bloß Wolfgang es wissen müsse und könne, da er ebenso verschwiegen als unbiegsam sei. Sie antwortete mit einem zusammengebrochnen toten Innern, worin die Pflicht allein die einzige lebendige Stimme war: »Ich seh' das alles ein – sag es ihm selber – übrigens verschone mich künftig mit jeder fernern Erwähnung davon.« Sein zerquetschtes Herz, sein liebendes nasses Auge, seine bebende Hand wirkte nicht mehr auf sie – und er vergab es ihr gern, ja er freuete sich seiner Strafe als Linderung.

– Aber nun verlanget keine peinliche Ausmalung, wie das fallende Laub *eines* Menschen die Blumen und Gewächse, die unter ihm wuchsen, überdeckte und erstickend niederdrückte! Soll ich euch den unschuldigen Sohn in der Stunde zeigen, wo ihm das Verhängnis wieder einen Teil seines Wesens abreißet und wo der feste Mensch weichlich weint und unter der Verwundung dem Vater ein hartes Wort sagt, dessen er sonst nie fähig gewesen wäre, und wo er nicht einmal von der Schwester, sondern nur von der Mutter Abschied nimmt, »um«, wie er sagte, »so bald nicht wieder zu kommen«? Oder soll ich euch den stillen Gram der Mutter über den untergegangnen Morgenstern ihrer Liebe zeigen, der als kein Abendstern wiederkehrt? Oder soll ich euch zu der stillen Cara führen, die in der dunkeln langen Höhle des Geheimnisses geht, ohne Jugendfarbe, gebückt, voll Tränen und furchtsam und das Leben als eine schwere hölzerne Harfe, aus der *ein* Griff alle Saiten weggerafft, nachschleppend, und die nun nichts weiter auf der Erde erfreuen kann, als wenn der alte Mann, den sie noch für ihren Vater hält, sie mit bittern Tropfen ansieht und sagt: »Bei Gott! ich habe dir deinen Spitzbuben geben wollen«? –

Nein; aber ich wollte lieber einigen von euch – denen, die zu einem Mittagsschlaf sich in das Blumenbeet eines ganzen fremden Lebens hineinlegen und gleichgültig wieder aufspringen vom erquetschten Blumenflor – das malen, was euch näher steht, die armen Zöglinge der Not, denen euer Name gehört und euere Sorge und die in dem kalten, von euch für sie erbaueten Ugolinos-Turm der Dürftigkeit zuerst die Augen aufschlagen. Malet ihr euch diese niemals selber? Poltern nicht ihre Schatten in eueren Herzen wie begrabene Schein-Leichen und rufen nach Leben? – Könnt ihr eine selige liebende Stunde mit euern *benannten* Kindern haben, ohne an die tausend martervollen euerer *unbenannten* zu denken? – Könnt ihr am Geburtsfeste eueres nahen Kindes euch freuen und seiner schönen Entwicklung nachrechnen, ohne daß sich das tödliche Gemälde seiner fernen verhüllten Geschwister vor euch aufrichte, die vielleicht an diesem Tage darben und seufzen, oder sich das reine Herz vergiften? – Dürft ihr von Vaterliebe sprechen und sagen, ihr habt euern Kindern eine feste frohe Stätte bereitet, indes die andern draußen im Weltmeere auf Eisschollen frieren und zitternd weiterschwimmen und vielleicht endlich niederbrechen? – Nennt euch nicht Männer, ihr seid furchtsamer als die Mütter, die als die Verlassenen bleiben bei den Verlassenen! Nennt euch nicht Väter, es gibt mehr Mütter als Väter, und weniger Kindermörderinnen als Kindermörder! –

RUDOLF BORCHARDT

Das Gespenst

96 Seiten, broschiert · BdE 8 · DM 5,00

*

Wird es der jungen Frau gelingen, den Engländer Ronald zu verführen? Er ist mit einer etwas schrulligen Tante bei ihrer Mutter zu Besuch. Sie bittet die entfernt lebende Schwester um Ratschläge, die sie auch in einem sehr originell abgefaßten Brief erhält. Doch erweist sich davon nachher keiner als brauchbar, wenn es darum geht, Mutter und Tante von dem Schauplatz fernzuhalten, auf dem zuletzt das Gespenst die Hüllen vor dem in Liebesdingen ziemlich naiven Ronald fallen läßt.
Rudolf Borchardt war als Erzähler auf Verführungsgeschichten spezialisiert, die jede auf ihre Art psychologische wie stilistische Kabinettstücke und viel zu wenig bekannt sind. Der Autor, dessen umfangreiches Werk in einer Gesamtausgabe bei Klett-Cotta, Stuttgart, verfügbar ist und zu Entdeckungen einlädt, wurde 1877 in Königsberg geboren. Er verbrachte den größten Teil seines Lebens in Italien. 1945 ist er, von der Gestapo zwangsverschleppt, in der Nähe von Innsbruck gestorben.

DENTON WELCH

Das Feuer im Wald

96 Seiten, broschiert · BdE 7 · DM 5,00

*

Mary malt, mehr zum Zeitvertreib als aus Berufung. In einem Waldstück nahe ihres Hauses trifft sie eines Tages zwei Holzfäller an einem Feuer, Vater und Sohn. Der Sohn wird ihr täglich nach Feierabend für ein Porträt Modell sitzen. Einmal bleibt er auch über Nacht. Die übliche Ateliers-Romanze, nur daß diesmal nicht ein Maler sein Modell verführt, sondern eine junge Frau über die Kunst zu ihrem Liebhaber kommt? Die Geschichte nimmt einen ganz anderen, für den Leser unvorhersehbaren Verlauf...
Denton Welch ist der Geheimtip der modernen englischen Literatur. William S. Burroughs: »Wenn ich gefragt werde, welcher Schriftsteller mich am nachhaltigsten beeinflußt hat, antworte ich ohne Zögern: Denton Welch.« 1915 in Schanghai geboren, wurde er mit 18 Jahren durch einen Verkehrsunfall in England zum Invaliden. 1948 ist er an den Spätfolgen seiner Verletzungen gestorben, 33 Jahre alt. Er hinterließ drei Romane, Hunderte von Gedichten, zwei Bände mit Erzählungen und ein Tagebuch seiner Leidensgeschichte. Im Steidl Verlag sind von Denton Welch erschienen: »Freuden der Jugend« (1995) und »Jungfernfahrt« (1996).